SUPPRESSION

DE LA

Responsabilité des Notaires

SUR LES PRÊTS HYPOTHÉCAIRES

SUPPRESSION DES NEUF DIXIÈMES

DES

VENTES JUDICIAIRES

PAR

Hilarion BARRE

Ancien Notaire

Ancien Directeur de succursale du Crédit Foncier de France

75, Rue Thiers, 75. — Marseille

MARSEILLE

IMPRIMERIE GÉNÉRALE ACHARD ET Cie

3 et 5, Rue Chevalier-Roze, 3 et 5

1892

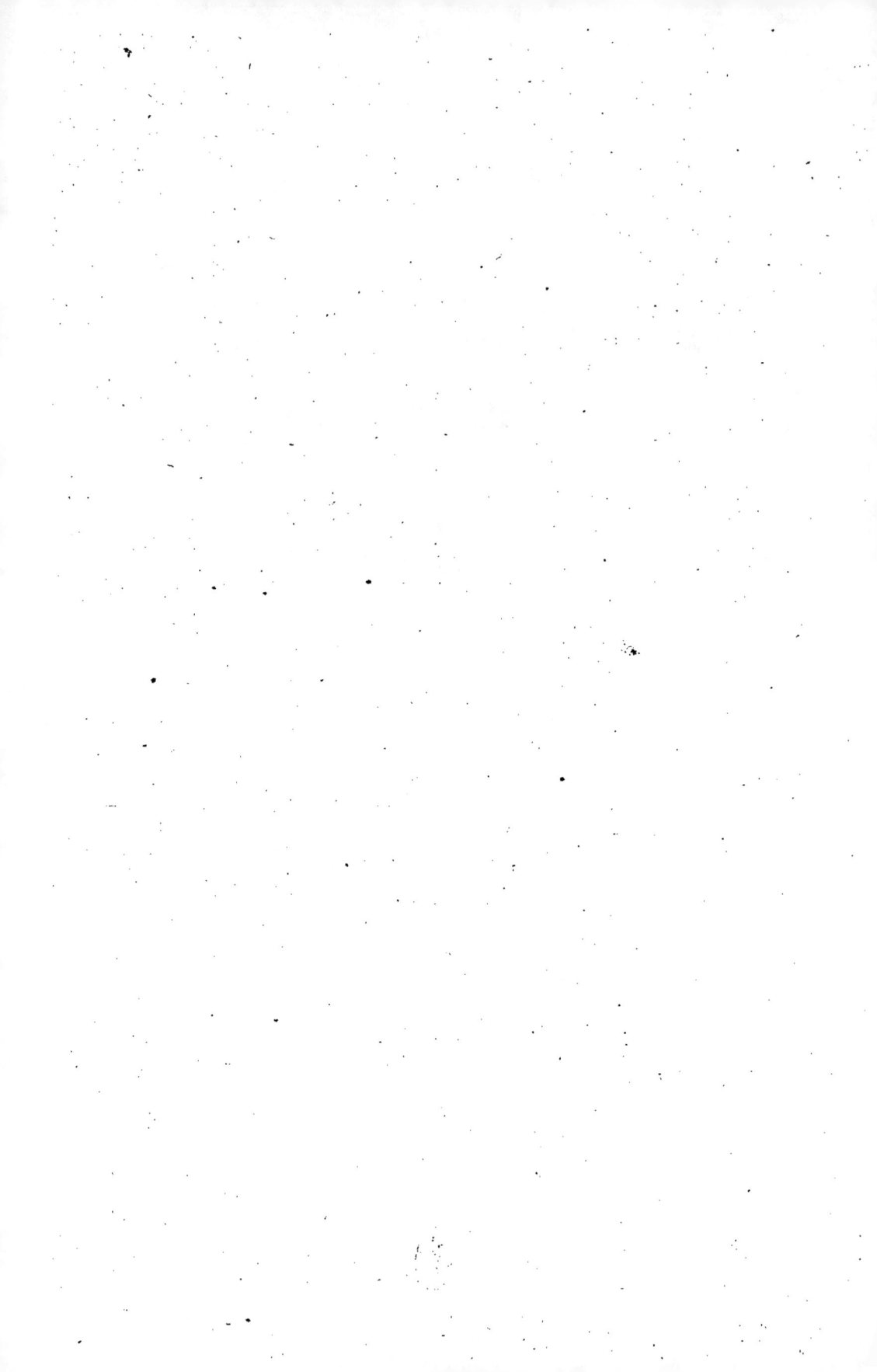

SUPPRESSION

DE LA

Responsabilité des Notaires

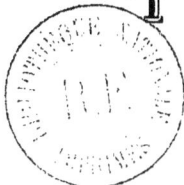

SUR LES PRÊTS HYPOTHÉCAIRES

SUPPRESSION DES NEUF DIXIÈMES

DES

VENTES JUDICIAIRES

PAR

Hilarion BARRE

Ancien Notaire

Ancien Directeur de succursale du Crédit Foncier de France

MARSEILLE

IMPRIMERIE GÉNÉRALE ACHARD ET Cie

3 et 5, Rue Chevalier-Roze, 3 et 5

1892

STATISTIQUE IMMOBILIÈRE

ET

PÉRÉQUATION DE L'IMPOT

SANS FRAIS

PAR

Hilarion BARRE

———•◦•———

MESSIEURS LES SÉNATEURS,

MESSIEURS LES DÉPUTÉS,

J'ai l'honneur de soumettre à votre haute appréciation mon projet de statistique immobilière rurale dont
l'application, comme vous pourrez vous en rendre
compte, peut être faite simultanément dans toutes les
communes de France *à très peu de frais*.

De cette statistique découle, en outre, la *péréquation de l'impôt*.

Son exécution donnerait les résultats suivants :

1º Asseoir la valeur et par suite le rendement de la propriété sur des bases fixes et déterminées ;

2º Rectifier les nombreuses erreurs qui se trouvent dans les matrices cadastrales ;

3º Permettre aux Sociétés de Crédit, aux Notaires et autres prêteurs d'argent, de connaître exactement la valeur des biens de leurs emprunteurs sans nécessiter des déplacements et des constatations onéreux pour les deux contractants et quelquefois vexatoires ;

4º Augmenter notablement les produits de l'enregistrement, puisqu'elle rendra impossible les dissimulations dans les prix de ventes, les évaluations dans les donations, partages et déclarations de successions.

5º Faciliter les expropriations pour cause d'utilité publique aux Compagnies de chemin de fer ;

6º Enfin permettre à l'Etat d'appliquer, sans frais, un système particulier de *péréquation*, ou pour parler plus exactement d'*unification de l'impôt foncier*.

Je n'ai pas voulu, Messieurs, vous soumettre mon travail, produit d'un labeur de quatre années, sans en avoir éprouvé la valeur par des expérimentations successives qui toutes ont donné des résultats identiques et d'une exactitude rigoureuse.

Le dernier essai a été fait à *Saint-André-de-Rosans*, canton de Rosans (Hautes-Alpes), le 16 décembre courant par une commission composée de cinq habitants de cette commune.

Je me suis borné à indiquer à cette commission l'application de mon système et la manière de procéder.

Le travail est divisé en trois parties :

La première partie comprend la statistique immobilière.

La deuxième partie comprend la rectification de la matrice cadastrale, de manière à ce qu'il y ait corrélation avec la statistique.

La troisième partie comprend la question de la péréquation de l'impôt.

PREMIÈRE PARTIE

STATISTIQUE IMMOBILIÈRE

Un jour par commune est suffisant pour terminer la statistique.

Elle consiste :

1º A prendre séparément tous les quartiers d'une commune ;

2º A détacher du quartier, chaque nature de propriété, la diviser en trois classes ou catégories, et faire l'estimation, par hectare, de chacune de ces trois classes, comme le tableau ci-après l'indique.

SECTION	NUMÉRO du lieu dit	DÉSIGNATION du quartier	NATURE de la propriété	VALEUR PAR HECTARE de chaque nature de propriété		
				1" classe	2° classe	3° classe
A	12	Pra-Mousiou	jardins	»	»	»
			prairies naturelles	8000	6000	4000
			labours	5000	2000	1000
			vergers	»	»	»
			vignes	»	»	»
			bois	»	»	»
			hermes	»	»	»
A	19	Bourelle	jardins	»	»	»
			prairies naturelles	5000	»	»
			vergers	»	»	»
			labours	2500	1500	1000
			vignes	»	»	»
			bois	1000	200	»
			hermes	150	100	50
E	1	Lidanne	jardins	»	»	»
			prairies naturelles	5000	1500	»
			vergers	»	»	»
			labours	2500	1300	200
			vignes	»	»	»
			bois	»	»	»
			hermes	220	100	»

L'estimation des trois quartiers portés dans le tableau qui précède a été faite sans sortir de la mairie et en moins d'un quart d'heure.

Mes réflexions et l'expérience m'ont démontré que le meilleur expert, pour faire ces estimations, est le Conseil municipal de chaque commune, car, à part les grands centres où l'on devra avoir recours à des commissions, il n'est pas de Conseil municipal qui n'ait parmi ses membres des gens connaissant très exactement la valeur de tous les quartiers de la commune.

La seule objection sérieuse qui m'a été faite depuis

mes premiers essais, c'est que ces estimations peuvent être surélevées au surbaissées.

Cette objection tombe d'elle-même ; car, si on augmente la valeur de la propriété, les imposés et les dissimulateurs dans les ventes, évaluations, etc., s'en plaindront.

Si, au contraire, elle est diminuée, ce sont les personnes qui voudront emprunter ou vendre qui récrimineront, puisqu'elles auront intérêt d'augmenter la valeur de leurs immeubles.

D'ailleurs, comme la bonne exécution de mon projet repose essentiellement sur la solidarité des propriétaires, il est un moyen de faire disparaître la partialité des experts, c'est d'édicter une loi dans les termes suivants :

Art. 1er.— Le Conseil municipal de chaque commune se réunira le jour fixé par l'administration compétente et fera l'estimation des immeubles ruraux d'après les conditions ci-dessus posées.

Art. 2.— Il pourra s'adjoindre un ou plusieurs habitants de la commune qui aura voix délibérative.

Art. 3.— Le public sera invité à cette réunion.

Art. 4.— Tout propriétaire pourra se plaindre des erreurs qui seraient faites dans les estimations.

Art. 5.— Si ces plaintes ont lieu pendant la séance, la délibération du Conseil municipal devra en faire mention.

Art. 6.— Si ces plaintes n'ont lieu qu'après la séance, elles devront être adressées à la Préfecture pour être transmises à un jury.

DEUXIÈME PARTIE

Par la deuxième partie de mon projet, je rectifie le contenu porté dans deux colonnes des matrices cadastrales ; ce sont celles portant les indications suivantes : *Nature de la propriété* et *classes*.

La colonne portant revenu par parcelles est remplacée par deux autres indiquées : la première *Valeur par parcelles* et la deuxième *Revenus réels par parcelles*.

Ces deux dernières colonnes n'ont été placées que pour expliquer plus clairement mon travail. A mon avis, il est mieux de les supprimer des matrices, car, la propriété étant sujette à augmenter ou à diminuer de valeur, ces deux colonnes varieraient et obligeraient à refaire les matrices cadastrales à chaque révision.

Cette deuxième partie de mon projet est aussi facile à exécuter que la première ; néanmoins on ne peut rectifier qu'un millier d'hectares de terrain par jour.

Voici de quelle manière il a été procédé à *Saint-André-de-Rosans*, dans l'application de cette deuxième partie.

La première partie de l'expérience terminée, je priai l'un des membres de la commission d'appeler quelques personnes possédant des immeubles dans les quartiers qui venaient d'être estimés.

Cinq propriétaires voulurent bien prêter leur concours.

Monsieur le Maire me fit délivrer aussitôt l'extrait cadastral de ces cinq propriétaires. Ces extraits ne portent que les parcelles qu'ils possédaient dans ces trois quartiers.

Je les reproduis littéralement ci-après :

SAMUEL François

de la section	du n° du lieu	DES NOMS des parcelles	du n° du plan	de la nature de la propriété	par parcelle	TOTALE	CLASSES	par parcelle (1)	TOTAL	Les autres colonnes restent les mêmes
A	12	La Brunelle	111 p.	labour	1 90		1	95		
id.	id.	id.	112 p.	pré	13 55		1-2	7 65		
id.	id.	id.	111 p.	labour	1 90		1	95	21 13	
id.	id.	id.	112 p.	id.	13 55		1/2 1-2/3 2	7 35		
id.	19	Bourelle	53 p.	id.	17 82		1/4 2-3/4 3	4 23		

FÉRIAUD Jean

de la section	du n° du lieu	DES NOMS des parcelles	du n° du plan	de la nature de la propriété	par parcelle	TOTALE	CLASSES	par parcelle (1)	TOTAL	
A	12	L'Arenne	82	labour	98 10		2	34 33		
id.	id.	id.	55	id.	4 30		1-2	1 82		
id.	id.	Champ des Jacques	143	id.	94 50		3	18 90	123 08	id.
id.	id.	Le Lauron	152	id.	78 50		1-2	33 36		
id.	id.	id.	153	pré	31 60		2	14 18		
		id.	159	labour	48 20		1-2	20 49		

TABOURET Etienne

de la section	du n° du lieu	DES NOMS des parcelles	du n° du plan	de la nature de la propriété	par parcelle	TOTALE	CLASSES	par parcelle (1)	TOTAL	
A	12	Chauchays	66	labour	43 10		1-3	12 91		
E	I	Lidanne	38	landes	1 16 50		1	58	16 09	id.
id.	id.	id.	39	labour	2 70		4	16		
id.	id.	id.	40	terre ar.	9 20		2 1/3 3 1/3	2 44		

ANDRÉ Adrien

de la section	du n° du lieu	DES NOMS des parcelles	du n° du plan	de la nature de la propriété	par parcelle	TOTALE	CLASSES	par parcelle (1)	TOTAL	
A	12	Les Oches	74	pré	7 70		4	1 15		
id.	id.	id.	75	labour	1 78 10		3/5 3 2/5 4	25 64	36 17	id.
E	I	La Combe	67	friche	80 90		3-4	9 38		

MARCELLIN Fortuné

de la section	du n° du lieu	DES NOMS des parcelles	du n° du plan	de la nature de la propriété	par parcelle	TOTALE	CLASSES	par parcelle (1)	TOTAL	
A	12	La Gautière	110	labour	41 60		2	14 56		
id.	id.	id.	100	pré	11		1	6 60	29 66	id.
id.	19	La Bourelle	49	labour	17		1	8 50		

De mon côté, je préparai cinq tableaux, un au nom de chacun des propriétaires ; je copiai des précédents ce qui est écrit dans les colonnes 1, 2, 3, 4 et 6 et je laissai en blanc les colonnes 5, 7, 8 et 9.

(1) Le centime le franc étant à 0.33, chacun des propriétaires paie d'impôt savoir :

Samuel	6 fr. 97
Fériaud	40 fr. 61
Tabouret	5 fr. 67
André	11 fr. 93
Marcellin	9 fr. 78

0/0 Quelle égalité dans impôts actuels ! ! !

SAMUEL François

1 De la Section	2 du n° du lieu	3 DES NOMS DES PARCELLES	4 du n° du plan	5 De la nature de la propriété rectifiée suivant les déclarations des propriét^{es}	6 Contenance imposable par parcelle	7 TOTALE	8 Classes par quartier	9 VALEUR par parcelle	10 TOTALE	11 REVENU par parcelle	12 TOTAL	Les autres colonnes restent les mêmes
					h. a. c.			fr. c.		fr. c.		
A	12	La Brunelle	111	labour	1 90		1	95 »		1 90		
id.	id.	id.	112	pré	13 55		2	813 »	»	16 25	37 80	
id.	id.	id.	111	labour	1 90		1	95 »		1 90		
id.	id.	id.	112	id.	13 55		1	617 »	1890	12 34		
id.	19	Bourelle	53	id.	17 82		2	270 »		5 40		

FÉRIAUD Jean

A	12	L'Arenne	82	labour	98 10		2	1960 »		39 20		
id.	id.	id.	55	id.	4 30		2	86 »	»	1 72	138 86	id.
id.	id.	Champ des Jacquss	143	id.	94 50		3	945 »		18 90		
id.	id.	Le Lauron	152	id.	78 50		2	1570 »	6343	31 40		
id.	id.	id.	153	pré	31 68		2	1895 »		37 90		
id.	id.	id.	159	labour	48 20		3	482 »		9 64		

TABOURET Etienne

A	12	Chauchays	66	labour	43 10		2	862 »		17 24		
E	I	Lidanne	38	landes	1 16 50		1	255 »	»	5 10	24 84	id.
id.	id.	id.	39	labour	2 70		3	5 »	1242	0 10		
id.	id.	id.	40	id.	9 20		2	120 »		2 40		

ANDRÉ Adrien

A	19	Les Oches	74	pré	7 70		3	308 »	»	6 16		
id.	id.	id.	75	labour	1 78 10		3	1780 »		35 60	43 36	id.
E	I	La Combe	67	friche	80 90		2	80 »	2168	1 60		

MARCELLIN Fortuné

A	12	La Gautière	110	labour	41 60		2	830 »	»	16 60		
id.	id.	id.	100	pré	11 »		2	660 »		13 20	38 30	id.
id.	19	La Bourelle	49	labour	17 »		1	425 »	1915	8 50		

Ceci terminé, je posai à chacun des cinq propriétaires les deux questions suivantes répétées autant de fois qu'il y avait de parcelles sur leur extrait cadastral.

1re Question. — M. Samuel, vous possédez au quartier de Bourelle, une parcelle de terre désignée *labour* sur la matrice cadastrale. La nature de cette parcelle n'est-elle point changée ? Rép. Non.

2me Question. — Ce *labour* est-il de 1re, 2me ou 3me classe parmi les labours du quartier de Bourrelle ? Rép. 2me classe.

Votre *labour* qui contient 17 ares 82 centiares, vaut donc 270 fr. — Réponse. Votre calcul est très exact.

Pour obtenir la valeur de cette parcelle, mon calcul est simple : Elle contient 17 ares 82 centiares et elle est de 2me classe des labours du quartier de Bourelle.

En me reportant à la *première partie* de mon travail, je trouve que la valeur par hectare de la 2me classe des labours du quartier de Bourelle est de 1.500 francs, si l'hectare vaut 1.500 francs, un are vaut 100 fois moins, et 17 ares 82 centiares valent 17.82 plus $\dfrac{1.500 \times 17.82}{100} = 270$ fr.

Je remplis successivement avec la même précision la colonne des cinq tableaux ci-dessus indiquée : *Valeur réelle de chaque parcelle.*

Dans mes premiers essais, j'avais employé cinq classes ou catégories de nature de propriété. C'était plus exact. Mais cette série de classes avait l'inconvénient d'embrouiller la réponse des gens illettrés. Tout le monde sait bien, si sa prairie est de la *première, moyenne* ou *dernière catégorie* du quartier ; ou encore si elle est entre la *première* et la *moyenne,* ou entre la *moyenne* et la *dernière qualité,* et cependant il y aurait de fréquentes erreurs si l'on portait cinq classes. Pour obvier à cet inconvénient il s'agit de mettre un intermédiaire entre chaque classe.

Pour mener à bonne fin l'exécution de cette seconde partie de mon projet, il faut qu'elle soit faite par des gens connaissant bien le cadastre, tels par exemple, les contrôleurs et les percepteurs des contributions directes assistés de trois ou quatre personnes nommées par le Conseil municipal.

Une loi étant nécessaire pour exécuter cette seconde partie, je propose le projet suivant :

Article Premier. — Tout propriétaire devra se rendre le jour et à l'heure qui lui seront fixés par le maire de sa commune sous peine d'une amende de 5 francs.

Art. 2. — Il devra répondre très exactement aux questions qui lui seront posées par le contrôleur ou le percepteur des contributions directes.

Art. 3. — Tout propriétaire qui aura sciemment fait des réponses fausses sera puni d'une amende de 20 à 50 fr. et supportera, en outre, les frais de l'expertise ultérieure.

Art. 4. — Le propriétaire qui possède des immeubles sur plusieurs communes devra, s'il est appelé simultanément à plusieurs endroits, choisir la commune où il voudra se rendre et prévenir le maire des autres communes.

Art. 5. — Le travail de cette *deuxième partie* terminé, il devra rester affiché à la mairie pendant quinze

jours et les habitants seront invités à en prendre connaissance. Un registre recevra leurs protestations et
observations.

Art. 6. — Les contrôleurs de l'administration des
contributions seront chargés d'opérer chaque année,
sur les matrices cadastrales, les changements dans les
cultures, dans les valeurs et qualités des terrains.

TROISIÈME PARTIE

PÉRÉQUATION DE L'IMPOT

Pour arriver à la péréquation de l'impôt il s'agit
tout simplement de transformer la valeur de la propriété
en revenu. Ainsi, en prenant, pour type le tableau de
la première partie et si l'on suppose que la propriété
rurale rapporte par exemple deux pour cent, nous
obtenons que chaque nature de propriété a un revenu
par hectare de :

SECTION	NUMÉRO du lieu dit	DÉSIGNATION du quartier	NATURE de la propriété	VALEUR PAR HECTARE de chaque nature de propriété		
				1ʳᵉ classe	2ᵉ classe	3ᵉ classe
A	12	Pra-Mousiou	jardins	»	»	»
			prairies naturelles	160	120	80
			labours	100	40	20
			vergers	»	»	»
			vignes	»	»	»
			bois	»	»	»
			hermes et landes	»	»	»
A	19	Bourelle	jardins	»	»	»
			prairies naturelles	100	»	»
			vergers	50	30	20
			labours	»	»	»
			vignes	»	»	»
			bois	20	4	»
			hermes et landes	3	2	1
E	1	Lidanne	jardins	»	»	»
			prairies naturelles	100	30	»
			vergers	50	26	»
			labours	»	»	»
			vignes	»	»	»
			bois	»	»	»
			hermes et landes	»	2	»

Pour obtenir le revenu de chaque parcelle, il faut faire le même calcul que j'ai fait dans la *deuxième partie* pour arriver à la valeur.

Cette *troisième partie* de mon projet aide beaucoup à la précision de la *seconde*.

Supposez deux amis ayant chacun une propriété de même nature et de même valeur dans le même quartier. L'un d'eux a déclaré son immeuble de *première classe*, ce qui est la vérité, et le second, pour se soustraire à une certaine quotité d'impôt, a déclaré la sienne de *seconde classe*, le premier pourra récriminer.

Les recherches que j'ai faites sur la répartition de

l'impôt dans les Hautes-Alpes et dans quelques communes de la Drôme m'ont démontré que le revenu réel, tel qu'il résulte de l'examen des registres cadastraux, varie du *un* au *quinze* pour cent de la valeur réelle de la propriété.

C'est une inégalité que l'application de mon travail corrigera.

En terminant, j'ai l'honneur de vous offrir, Messieurs les Sénateurs, Messieurs les Députés, de continuer mes expériences dans n'importe quel département de la France que vous pourriez me désigner et de faire toutes les recherches que vous pourriez désirer sur l'inégalité des charges qui pèsent sur la propriété.

Veuillez agréer, je vous prie,

Messieurs les Sénateurs,
Messieurs les Députés,

l'assurance de mon profond respect.

HILARION BARRE.

25 Décembre 1886.

PLUS DE VENTES JUDICIAIRES

Par Hilarion Barre

MESSIEURS LES DÉPUTÉS,

MESSIEURS LES SÉNATEURS,

J'ai l'honneur de vous soumettre à votre haute et bienveillante appréciation, une étude sur les expropriations, dans le but d'arrêter les ravages que MM. les Avoués de première instance causent par leur procédure dans les ventes et licitations judiciaires.

Vous savez certainement tous, Messieurs, que la situation des agriculteurs devient de jour en jour de plus en plus difficile. Il n'y a, pour s'en assurer, qu'à consulter les statistiques officielles ; dans le courant de l'année 1871, il n'avait été emprunté hypothécairement que 629.393.000 fr. ; en 1876, ce chiffre est de 892.915.000 fr. ; en 1879, il est de 1.063.838.000 fr. ; en 1882, il augmente encore et arrive à 1.468.284.000 fr., pour descendre en 1886 (toujours pour l'année seulement) à 1.297.430.000 fr.

Par contre, la valeur des immeubles ruraux a diminué dans des proportions plus grandes que la progression des emprunts. On peut acquérir aujourd'hui, pour 30 et même 25 fr., beaucoup d'immeubles dont le prix était de 100 fr. il y a dix ou douze ans.

Je regrette, Messieurs, de n'avoir pu me procurer les statistiques indiquant le nombre des ventes faites par autorité de justice depuis une dizaine d'années. Pour moi, les annonces contenues dans la quatrième page des journaux en disent assez pour que je sois convaincu que la *spoliation* des propriétaires marche à grands pas.

Dans les campagnes, principalement, tout le monde accuse les *frais de justice* d'être la ruine des débiteurs. Il est vrai que si on lit attentivement les articles 144, 145 et 146 du décret du 16 février 1807 et les articles 7 à 13 de l'ordonnance du 10 octobre 1841 (4ᵐᵉ et 5ᵐᵉ tarifs en matière civile), on se croit le droit de dire qu'en cette matière un avoué ne peut faire le moindre mouvement des lèvres, des bras ou des jambes sans être grassement rémunéré.

Cette masse de frais n'explique pas néanmoins pourquoi, lorsqu'il n'y a eu que 2.000 fr. de frais dans une vente, un immeuble, d'une valeur réelle de 20.000 fr., s'adjuge au prix de 6 à 12.000 fr. Je pense que c'est au caractère de la vente forcée et à la précipitation de la procédure qu'il faut attribuer l'infériorité des prix obtenus.

Pour parer à ces pertes énormes, qui portent, comme nous le verrons plus loin, les plus graves préjudices aux débiteurs, aux créanciers et à la Patrie, je vous propose, Messieurs, de modifier la loi de la manière suivante :

Article Premier. — *Pendant les deux mois qui suivront la signification du jugement qui ordonne la vente de ses immmeubles, le débiteur conservera le droit de les vendre à l'amiable sans qu'il puisse en être empêché par aucune formalité judiciaire.*

Art. 2. — *Après cette vente les créanciers hypothécaires pourront surenchérir dans les délais prescrits par la loi.*

Il n'y aurait pas grand inconvénient, à modifier ainsi la loi : le *Trésor* aurait à supporter une diminution dans la vente du timbre, mais les débiteurs, dans la plupart des cas, se libèreraient entièrement envers leurs créanciers, et ces derniers y trouveraient un grand avantage puisqu'ils seraient payés.

Un autre résultat, Messieurs, que je vous prie d'envisager avec la plus grande attention, sera encore la conséquence de mes projets, je veux parler de *l'expatriation.*

Que peut devenir, en effet, un malheureux débiteur qui s'est vu ruiner par l'expropriation. Dans les 9/10 des cas sa conscience est tranquille ; il n'avait emprunté que des sommes inférieures à la valeur de ses biens et avec la ferme volonté de les rembourser. L'un des créanciers, *dont je parlerai bientôt,* a, volontairement voulu sa ruine, et, après la distribution du prix de la vente, il reste encore débiteur de sommes que les frais de justice ou l'infériorité du prix obtenu l'empêchent de payer. A-t-il dans cet état quelque espoir de reconstituer, par le travail et l'économie, la fortune qu'il a perdue ?

Assurément non, puisque les créanciers à qui il redoit s'empareront de ses nouveaux biens. Il a cependant une famille à laquelle il doit songer et pour elle. il ne craint pas d'aller bien loin à l'étranger où il sera à l'abri de leurs poursuites. Adieu soldats de la France !...

Mon second projet est inspiré des réflexions suivantes :

On n'a jamais vu un créancier, dont le paiement de la somme qu'il a prêtée *est assuré,* poursuivre jusqu'à l'expropriation son débiteur, puisque, pour être remboursé de sa créance il n'a qu'à passer à l'étude de son notaire, lequel, au moyen d'une subrogation lui substituera un nouveau bailleur de fonds qui le désintéressera.

Donc les créanciers auteurs de ce genre de poursuites sont tous ceux qui ont fait un mauvais placement, c'est-à-dire :

1º Les créanciers hypothécaires, qui ont livré leur argent sans s'assurer que les garanties qu'on leur offrait étaient suffisantes ;

2º Les créanciers chirographaires, qui ont prêté inconsciemment ou volontairement ;

3º Enfin les créanciers qui, connaissant la situation précaire d'un débiteur lui prêtent, ou, se font céder une créance qu'ils savent d'avance perdue, dans le but de ruiner ce débiteur, ou d'acquérir tout ou partie de ses biens pour arrondir leur domaine, ou encore dans l'intention de faire perdre aux créanciers qui les précèdent, tout ou partie de leurs créances.

Ces créanciers sont-ils bien à plaindre ? Certainement non. Les premiers, en prêtant à des personnes qui ne donnaient qu'un gage insuffisant, ont commis une imprudence.

Les seconds, ont livré leur argent sans s'inquiéter de la situation, ou en en ayant connaissance par conséquent sans grand espoir de le retirer.

Quant aux troisièmes, ce sont des *misérables* couverts malheureusement par le *privilège des frais de justice* (Art. 2101 et suivants du Code civil).

Oui, Messieurs, c'est la mauvaise conception de ces articles qui est l'une des plus grandes causes de la ruine des agriculteurs. Le mal est énorme : Si j'en crois la statistique que j'ai faite dans l'un des plus petits départements, les pertes éprouvées par les débiteurs et par les créanciers à la suite des expropriations s'élèveraient à plus de *200 millions par an*.

Peut-on supposer que le législateur en rédigeant ces articles ait eu l'intention de soumettre un débiteur ou un créancier de bon sens au caprice d'un créancier inconscient ou malhonnête ? Je me garderai bien de lui faire cette injure ; il n'a pêché que par trop de loyauté. Il n'a vu que des créanciers prudents et point d'autres, car s'il eût pensé un seul instant aux créanciers *interlopes*, il aurait transformé ses réflexions en les suivantes :

I. — Quand un créancier en premier rang voudra prêter à un débiteur, il aura soin après avoir évalué ses biens, de défalquer préalablement les frais de justice.

II. — Il est juste que les créanciers *prudents*, aient sur leurs prêts la plus parfaite tranquillité, car s'il en était autrement tout crédit immobilier disparaîtrait. Si donc un autre prêteur survient, il fera son placement *à ses risques et périls* sans porter ombrage à ceux qui le précèdent ; et pour cela il devra n'exercer des poursuites que lorsqu'il sera assuré que le prix de la vente, après avoir désintéréssé les premiers créanciers, pourra couvrir, en outre, les frais de justice. En résumé, le premier créancier ne sera payé qu'après les poursuites qu'il aura faites. Le second, ne sera payé qu'après que le premier sera désintéressé, les frais de justice en seconde ligne, et sa créance en troisième, s'il en reste, etc.

Ces mêmes articles, sont une vraie *agape* pour MM. les Avoués ; ce n'est plus un rôle d'interprète près les tribunaux qu'ils remplissent dans ces circonstances, mais bien le *métier d'équarisseur* qu'ils exercent. Jugez-en vous-même, Messieurs, par les trois exemples que je vais citer, lesquels, malheureusement, se reproduisent dans les 9/10 des expropriations. J'en garantis l'authenticité et offre de faire connaître les noms des officiers ministériels et des personnes dont il y sera question (1).

Ier *Exemple*. — Un père et son fils avaient emprunté solidairement et hypothécairement sur des immeubles indivis de deux bailleurs de fonds différents une somme de 29.000 fr. Dix ans avant cette époque le fils avait emprunté, seul, 3500 fr. sur laquelle somme il avait payé divers à-comptes. Cette dernière obligation avait été souscrite en vertu d'un pouvoir sous-seing privé ne contenant par conséquent aucune garantie hypothécaire ; par suite, ce troisième créancier n'avait qu'une créance chirographaire. Sur les poursuites de ce dernier créancier, le tribunal nomma des experts pour visiter les immeubles et dire s'il y avait lieu à partage ou à licitation.

Le débiteur voulant éviter les désastres d'une vente judiciaire, vendit conjointement avec son père la plus grande partie de leurs immeubles indivis pour le prix d'environ 19.000 fr.

Pendant ce temps le troisième créancier fit faire une saisie-arrêt sur des valeurs appartenant à son débiteur et d'une somme supérieure à ce qui lui était dû, ce qui n'empêcha pas les experts de remplir leur

---

(1) J'ai reçu de l'un de mes amis un journal contenant un fait de la part d'avoués qui a soulevé le cœur de tous les gens de bien qui l'ont lu. — Dans les annonces judiciaires on lit deux ventes par expropriation de bien d'un même individu par deux avoués distincts. L'un agissait comme constitué par un créancier et l'autre en son nom personnel, comme créancier lui-même.

Ces ventes ont eu lieu le même jour, à la même heure et devant le même tribunal. N'est-il pas clair que l'avoué créancier a prié son confrère de lui céder une partie de la vente de ces biens (qui sont situés sur la même commune) pour se payer de sa créance avec les honoraires qu'il recevra ? Le tribunal a laissé passer bénévolement cette horreur. Il n'en est pas de même de ses justiciables.

mission et même de l'outrepasser, puisqu'ils comprirent dans leur travail des immeubles dont ne parlait point le jugement. Les immeubles portés dans leur rapport furent estimés moins de 5000 fr. ; ils conclurent à la licitation. Le fils débiteur vendit alors le restant des biens indivis qu'il possédait encore, à un marchand de domaines pour le prix de 1800 fr. Ils valaient, en réalité, 22.000 fr. ; mais avec ce prix de 1800 fr. le marchand de domaines avait à compter 150 fr. de frais d'acte, et les dépenses qu'il avait à faire pour arriver à la revente des immeubles qui se trouvaient situés dans deux communes différentes éloignées de son domicile de 35 à 40 kilomètres L'avoué *dont la créance de son client était payée* par la saisie-arrêt n'entendit pas de cette oreille-là. Il demanda au tribunal, qui le lui accorda, la nullité de cette dernière vente. Appel fut fait du jugement ; mais, malgré cette formalité qui aurait dû arrêter toute procédure, la licitation judiciaire eut lieu et les biens, dont la *moitié* seulement avait été vendue 1800 fr., furent adjugés en totalité au prix de 2200 fr. L'avoué défalqua sur ce prix 1700 fr. de frais ; il ne resta donc pour les créanciers que 500 fr. lorsqu'ils auraient touché un minimum de 4400 fr. par la vente amiable.

En résumé, dans cette affaire, le créancier se trouvait payé par la saisie-arrêt, nonobstant l'avoué, dans son seul intérêt, continue les poursuites et fait subir aux premiers créanciers une perte très appréciable. Je répète dans son seul intérêt ; les dettes ayant rang avant celles de son client s'élevant à 29.000 fr. et que le prix de la première vente (19.000 fr.) et les estimations du rapport d'experts (5000) ne formaient qu'un total de 24.000 fr. lui démontrait d'une manière péremptoire que son client ne pourrait être payé puisque les premiers créanciers ne pouvaient eux-mêmes être désintéressés intégralement.

2ᵉ *Exemple*. — C'est dans cet exemple que j'ai découvert le vice de la loi : Un père décéda laissant huit enfants, une fortune immobilière évaluée à 18.000 fr. et un passif de 4.800 fr. L'un des enfants avait emprunté avant la mort de son père une somme de 500 fr. Ce dernier créancier voulant être payé, il remit son titre de créance à un avoué qui obtint jugement. Aussitôt après, assignation en licitation fut lancée à tous les co-propriétaires. La famille me fit part du désastre qui la menaçait. Je conseillai de payer le créancier poursuivant. Voici pourquoi :

I. — Si le tribunal accordait la licitation, les biens ne se seraient vendus que 10 à 12.000 fr. duquel prix il fallait prélever les frais de justice et les 4.800 fr. de dettes du père, soit en tout environ 7.500 fr. il ne restait donc à la succession que 3 ou 4.000 fr. de net à répartir entre les huit enfants. C'était pour ces gens-là la misère.

II. — Si, au contraire, le tribunal accordait le partage des biens, les frais de justice, toujours très onéreux augmentaient sensiblement les 4.800 fr. de dettes ; la part du débiteur exproprié n'aurait point suffi à payer les frais du jugement dont j'ai déjà parlé et les frais de justice relatifs à la vente ; ce qui obligeait ses cohéritiers d'acquitter sa part dans les dettes de la succession (Art. 876 du Code civil).

Mieux valait alors payer le créancier poursuivant que s'exposer à la ruine.

3ᵉ *Exemple*. — Il y a quelques années un domestique vivant des revenus de ses maigres économies vint me faire le récit suivant : « J'avais prêté à la famille D... la somme de 250 fr. ; ayant entendu dire que ses affaires allaient mal, je la lui avais réclamée plusieurs fois et n'obtenant rien j'ai eu la maladresse, au lieu de venir vous consulter, d'aller trouver l'avoué B... qui me répondit qu'il se chargeait de me faire payer. Il me conduisit chez un notaire où j'ai, paraît-il, donné une procuration. Je suis complètement illettré et ne comprends que très peu ce que l'on me dit. Aujourd'hui passant devant la Mairie j'ai rencontré X... qui lisait une affiche. Je lui ai demandé ce qu'elle contenait ; il m'a répondu qu'on allait exproprier les biens de D ... et que c'était moi qui poursuivais. Je donnerais 250 autres francs pour ne pas être la cause d'un pareil malheur. Je vous supplie d'employer tous vos efforts pour arrêter cette affaire. »

Je ne pus obtenir ce résultat, les frais s'élevant à une somme considérable. Les biens furent vendus à très bas prix, la femme opéra quelques reprises matrimoniales et la plupart des créanciers perdirent tout ce qui leur était dû.

Cette famille composée du père, de la mère et de cinq enfants fut plongée par suite de cette expropriation, dans un état voisin de la misère.

Voilà, Messieurs, dans ces trois exemples, la représentation de la généralité des moyens employés pour arriver aux ventes judiciaires.

Dans le premier exemple, *l'avoué ne travaille que pour lui seul* (puisque son client est payé par la saisie-arrêt) *et fait perdre 4.500 fr. aux créanciers.*

Dans le second, *l'avoué ne travaille que pour lui seul* ; il ne peut que regretter que sa proie lui ait été enlevée.

Dans le troisième, *l'avoué ne travaille que pour lui seul*, jette une famille dans la misère, fait perdre aux créanciers et désespère son client.

En somme, si les poursuivants ne sont point des gens malhonnêtes, ils ont sur la conscience le remords que cause toujours une mauvaise action.

J'ai l'honneur de vous proposer, Messieurs, un remède qui, je le crois, apporterait un terme à ces ruines causées par les ventes judiciaires :

Article premier. — *Dans les cas de vente et licitation le privilège des frais de Justice ne s'exercera qu'immédiatement avant la créance du poursuivant* (1).

Art. 2. — *Néanmoins, en cas de faillite, le privilège des frais de justice, s'exercera en première ligne.*

Appliquant cette modification aux trois exemples que je viens de citer, nous voyons clairement qu'aucun des trois créanciers n'aurait pu poursuivre, puisqu'ils auraient été forcés ou exposés à payer les frais de poursuite.

En un mot, la modification que je propose peut se traduire en ceci : Obliger les prêteurs à examiner attentivement la situation des débiteurs avant de livrer leurs fonds. S'ils prêtent mal ils supportent les conséquences de leur légèreté.

---

(1) Trois grands avantages dérivent de la modification de la loi par cet article premier :

1º L'enregistrement y gagnera puisque les ventes seront aussi nombreuses et les prix beaucoup plus élevés ;

2º Les bons créanciers seront toujours payés. Il n'en existera plus d'imprudents ou de malhonnêtes ;

3º Les débiteurs auront presque toujours un reliquat libre sur le prix de la vente.

Seuls, les avoués y perdront, mais je ne sache pas qu'ils aient été créés pour s'enrichir de la dépouille d'un si grand nombre de victimes.

Mon projet aurait encore pour résultats, d'accorder aux agriculteurs des crédits plus considérables qu'on ne le fait actuellement. Ainsi, sur des immeubles ruraux d'une valeur réelle de 10.000 fr., on ne peut prêter prudemment, aujourd'hui, que 3 ou 4.000 fr., car si les biens sont expropriés le créancier a beaucoup de peine à retirer toute sa créance. Au contraire, avec la réalisation de mes projets, un créancier peut prêter sur ces mêmes biens jusqu'à 7.000 fr. puisqu'il n'a plus à redouter l'expropriation. Il deviendra acquéreur des biens de son débiteur si c'est nécessaire ; et si sur la revente il n'a pas de bénéfice, il n'aura jamais de perte, car rarement cette revente sera suivie d'un *ordre judiciaire*, formalité dont les frais aident trop bien à absorber les sommes à distribuer.

Telles sont, Messieurs, les modifications à apporter à la *loi* pour diminuer les expropriations. Le résultat en serait beau mais point parfait encore, car il existe un cas de ventes judiciaires dont les conséquences sont bien plus déplorables puisqu'elles atteignent non-seulement le débiteur et ses créanciers mais encore ses co-propriétaires :

Il s'agit des licitations.

En relisant les 1er et 2me exemples que j'ai cités plus haut, on voit d'un côté un père, et de l'autre 7 enfants ruinés ou menacés de la misère par la faute de leurs co-propriétaires.

*
* *

Croyez-vous, Messieurs, que ces victimes ne savent pas se plaindre ? Détrompez-vous ; lisez je vous prie le trait suivant.

Deux frères célibataires, âgés d'environ 55 ans, travaillaient en commun leurs immeubles indivis : l'un d'eux mourut, laissant un passif plus élevé que la valeur de sa part. Ses créanciers n'ayant pu s'entendre, la licitation fut ordonnée et les biens furent vendus au prix de 3.100 fr. Voici comment le malheureux survivant racontait sa situation : « Mon pauvre frère et moi vivions dans l'aisance en cultivant notre petit domaine. Il était bien un peu prodigue, mais je ne le croyais pas endetté à ce point. Ses créanciers ont fait vendre nos biens ; *la justice a tout dévoré.* Je n'ai touché pour ma part que 820 fr. Ruiné et ne pouvant plus fournir un travail suffisant qui me permette de devenir domestique, j'ai pris la *besace et je mendie mon pain.* Je n'avais vécu, jusqu'à ce jour, que très économiquement, mais j'avais au moins mon lit, tandis que maintenant je n'ai pas toujours *de la paille pour coucher.* »

Combien de cas, Messieurs, aussi *fréquents* et disséminés dans toute la France ! Ils sont si nombreux que dans les campagnes, où il existe encore quelque piété religieuse, les mères de familles, dans les prières qu'elles apprennent à leurs enfants, y ajoutent ceci : Prions Dieu, mes petits, qu'il nous conserve la santé et *surtout qu'il nous préserve de la justice !...*

Mais en somme que doit demander le créancier d'un co-propriétaire ? Que la part de son débiteur soit désemparée pour qu'il puisse poursuivre, sur cette part, le recouvrement de sa créance. *Le partage est la règle, la licitation, l'exception.* La jurisprudence accepte même les partages par attribution, ce qui est une fort mauvaise chose pour MM. les avoués qui n'y trouvent pas leurs bénéfices, mais qui serait, chaque année le bonheur et la fortune de centaines de mille de français.

Et malgré cela, c'est toujours la licitation ruineuse que les avoués demandent, cette licitation qui fait même horreur aux honnêtes créanciers.

Voici je crois, Messieurs, un projet qui mettrait un terme à ces désastres :

ARTICLE PREMIER. — La licitation des immeubles ne pourra être ordonnée que sur la demande de la majorité des co-propriétaires, sauf toutefois que les immeubles soient reconnus impartageables.

ART. 2. — Lorsque le partage ne pourra être fait par lotissement, il pourra avoir lieu par attribution.

ART. 3. — Si le partage est poursuivi par le créancier de l'un des co-propriétaires, la majorité des autres co-propriétaires sera en droit de demander qu'il soit fait une estimation de la totalité des immeubles ; et ils pourront, ensemble ou séparément, par une simple déclaration au greffe de la justice de paix du lieu où se trouvent situés les immeubles et dans les deux mois qui suivront la signification du jugement, devenir propriétaires de la portion revenant au débiteur.

Si les co-propriétaires ont agi séparément, la portion du débiteur appartiendra au plus offrant. La présence du propriétaire débiteur ne sera pas nécessaire pour la déclaration.

ART. 4. — Les articles précédents seront applicables aux héritiers bénéficiaires ou qui ont renoncé.

ART. 5. — Si parmi les co-propriétaires se trouvent des mineurs, leur Conseil de famille devra désigner l'un de ses membres pour les représenter dans toutes ces opérations.

Veuillez agréer, je vous prie,

Messieurs les Sénateurs,
Messieurs les Députés,

l'assurance de mon profond respect.

HILARION BARRE.

25 Décembre 1886.